나의 길은 속도가 아니라 방향이다

오름시인선 · 32

나의 길은 속도가 아니라 방향이다

펴낸날 _ 2017년 5월 10일

지은이 _ 임종원

펴낸곳 _ 기획출판 오름

등록번호 _ 동구 제364-1999-000006호

등록일자 _ 1999년 2월 25일

주소 _ 대전광역시 동구 대전로 815번길 125 2층 (삼성동)

전화 _ 042.637.1486

팩스 _ 042.637.1288

E-mail _ **orumplus@hanmail.net**

ISBN _ 978-89-90151-10-0

값 8,000원

오름시인선 · 32

나의 길은 속도가 아니라 방향이다

임종원

Orum Edition

시인의 말

봄 햇살 살포시 길섶에 내려 앉을 때
둘레길을 걷다보면
겨우내 움츠려있던 나무들의 기지개 켜는 소리
푸릇한 새싹들의 언 땅 밀어올리는 소리
냇가의 버들강아지 솜털옷 벗어던지는 소리…
내 마음 훨훨 맑은 하늘을 나는 한 마리 새가 된다.

인생 한바퀴 돌아 환갑을 맞이하며 두 번째 시집을 낸다.

고요의 시간들이 모여 어둠의 중심에 똬리를 틀고
침묵하고 있을 때 흐릿한 기억을 더듬어
삶의 지렛대 역할을 할 수 있기를 기대하면서…

2017년 3월 31일

임종원

차례

제2부

봄 풍경

제3부

생각하기 나름

제4부

서리꽃

제1부

석류

몽돌

억 만 번 끌어안고 뒹굴었던가
하얗게 부서지는 포말처럼
스쳐간 수많은 세월

모난 육신 다듬고자
집채보다 큰 성난 파도에도
굴하지 않고 견딘 이력

뜨거운 태양 아니어도
반짝이는 너의 알몸
숨죽여 들여다본다

가쁜 숨 몰아쉰 걸까
그대 거친 맥박 소리가
지금, 메아리쳐 울려온다

산수유

겨우내 움츠리고 있다가
잔설이 잠든 사이
잎보다 먼저 노란 꽃망울 터뜨렸다
봄 오는 길목에 불 밝히고

노란 꽃은 산화되어
알알이 열매 맺고
찜통더위 고행으로 갈고 닦아
맑은 가을날까지 즐기다가

쇠약한 사내 몸속으로
산산이 부서져
소중한 생명 다 하리라

꽃 피는 봄날에는

화사함이 만발한
상큼한 봄날
아침을 여는
풋풋한 싱그러움에
꽃잎에 맺혀있는
영롱한 이슬처럼
가장 밝은 눈빛으로
가장 맑은 살빛으로
곱게 물들어
그대 가슴에
안기고 싶어라

방황

가고 싶은데
갈 곳이 없다
고개를 들고
오고가는 수많은 사람들

내가 바라보는 사람은 있어도
나를 보는 사람은 아무도 없다
정답게 마주보고
웃고 속삭이는 사람들
그들 사이에
내가 낄 자리는 없다

허공만 바라보며
오늘도 맴돌다가

가고 싶은데
갈 곳이 없다

고추잠자리

가을 햇살 가득 머금고
웃고 있는 허수아비 머리위에
빨간 고추잠자리 한 마리 앉았다

꿈을 꾸는 건지
무슨 생각을 하는 건지
가금씩 흔들어 대는
투명한 얼굴이 예쁘다

어디로 가던 길인가

날개 접고
쉬어가는 모습
부럽기만 하다

복사꽃

연분홍 복사꽃
곱게 물들던 날
꽃잎에 새겨둔 그리움
꽃비 되어 하염없이
흘러내린다
고운 얼굴 수줍게 물들어
켜켜이 쌓였던 추억
소록소록 피어 오른다
봄비에
촉촉이 젖은 연초록 치마에
분홍꽃 물들었다

어머니 사랑

흐르고 흘러가도
끝이 없는 강물처럼

씨 뿌려 싹 틔우고
열매 맺어
영글게 하는
비바람 햇살처럼

뜨거운 땡볕
머리에 이고
그늘 만들어
오 가는 이 땀 식혀주고
눈비 막아주는
고갯마루 우뚝 서있는
당산나무처럼

꿈꾸기

이생의 꿈은
파란 하늘로 올라가
순간, 어두운 구름 되어
비가 되기도 하고
눈이 되기도 한다

인생의 추억은
켜켜이 엉켜있는
실타래
한 올 한 올 벗겨내면
한 소절의 시가 되고
한 마디의 노랫말이 된다

소쩍새

아카시아 꽃향기 흩어지는
봄밤
창가에 달빛 어리고
푸른 별들이 마구 쏟아진다

뒷산 숲속에서
임 부르는 두견새
소쩍 소쩍 소쩍
애절한 울음이 피를 토한다

아내

그대는
나의 거울입니다
내가 나 자신을 들여다볼 수 있게 해준
거울입니다

그대는
나의 등대입니다
내가 길을 잃고 방황할 때
환하게 불 밝혀주는
등대입니다

그대는
나의 오아시스입니다
내가 갈증에 허덕일 때
한 모금 생명수를 건내주는
오아시스입니다

그대는
나의
사랑스런
짝꿍입니다

가을밤의 호수

칠흑 같은 어둠속
정적이 감돌아 품은
잔잔한 호수
은빛 별님을 한가득 품어 안고
고즈넉히 누워있다

짝 잃은 외기러기
시샘 부리듯 내려앉아
날개 접고
푸드득 푸드득
곤하게 잠든 호수를 깨운다

부처님 오신 날

싱그러움 가득한
사월 초파일
고즈넉한 산사에
절절한 소원들이
활활 타 오른다

연꽃
맑은 물에
속세 곱게 씻어내고
엎드려
소원 비는 중생들

대웅전
추녀 끝에 매달린 풍경
바람에 균형을 잃고
땡 그 렁 땡 그르렁
울어대는 엇박자

큰스님
염불소리가
산천을 흔들고
오색 연등이
하얀 눈물을 토해낸다

바램

고운 햇살에 웃음 짓는
해맑은 들꽃처럼
청명한 삶을 살고 싶다

비 개인 하늘에
아름답게 박혀있는 무지개처럼
투명한 삶을 살고 싶다

산길 굽이돌아
절벽을 뛰어내려
갈기갈기 찢겨 하얀 포말이 되었다가

다시 한 몸으로 뭉쳐
먼 길 떠나는 폭포수처럼
강인한 삶을 살고 싶다

침묵

기쁨과 슬픔의 교차
흑과 백의 깊은 골

서로 다른 생각과 마음속
깊이 빠지는 늪보다 더 깊은
혼돈과 가식
어차피 삶은 그런 것

그러나
아무런 말도 하지 않으련다

흔들리는 침묵
고통소리 마저도

개망초

싱그러운 하늘 아래
하얀 별 속, 또 하나의
노란 애기 별
사랑으로 곱게 피웠다

밤새 타들어가던
멍울진 가슴속
감출 길 없어
온몸으로
햇살 가득 품어 안고
별꽃 새겨놓았다

연초록 이파리
곱게 물들어
바람 따라
하얀 꽃잎
살랑살랑 춤춘다

등나무꽃

보랏빛 아린 사연
못 다한 미련
망울진 그리움
애타는 사랑 등꽃으로 피었다

알알이 맺힌
그리움 덩어리
야윈 가슴
부풀어 올라

잠 못 들고
뒤척이는 날이면
넝쿨에 고운 소망 줄줄이 엮어
사랑의 둥지 틀어놓고

외로움 삭이며
보랏빛 등불 밝혀
아스라한 그대 모습
한 땀 한 땀 수놓아본다

삶은 우연이다

구름처럼 모였다가 흩어지고
또 다시 뭉쳤다가 사라지는
삶의 현실
모두가 우연이다

우연이 있기에
재미가 있고
두려움이 있고
뉘우침도 있다

이만큼 살아보니
한치 앞도 모르면서
마치 꿈을 꾸듯
인생을 살고 있다

오늘도 어지럽게 돌아가는
그저, 삶은 우연이다

새벽

달빛어린 산그늘에
초목이 꿈틀 거린다
어둠이 잦아드는 산야에
바람줄기 산허리를 쓰다듬고
먼동이 기지개를 켠다
고요 속에서
어둠이 홰치는 소리
오늘도
설렘 속에서
솟아오를 해를 기다린다

비 오는 날

잿빛 구름이 하늘을 덮고
창밖을 서성이는 작은 물방울
하늘이 비를 뿌리면
허기진 초목들이 앞 다투어
입을 벌리고 배를 채운다
나도 옷을 홀랑 벗어버리고
작은 초목 사이로 숨어들고 싶다
맑은 하늘을 날던
내 마음이
오늘처럼
비가 오는 날이면
초라한 모습에 가려져있음을
내 몸이 알려주고 있다

겸손

스스럼없는 구름처럼
자신을 낮추며 흐르는 강물처럼
진흙 속에서도
아름다운 꽃을 피우는
연꽃처럼
날개가 없어도
천리를 나는
바람처럼

나
그렇게
낮게 살고 싶다

심연

바람에 실려 문 밖을 서성이는
밤꽃 향기
둥그런 보름달이
어둠의 바다를 유영하고 있다

두견이의 애달픈 울음소리
임은 어디에 있기에
밤새껏 피를 토한다

고뇌의 파도가 어둠을 삼키고
이글거리는 용암처럼
굼틀대는 욕망
어지러운 세상에서
비틀대고 있다

석류

수백의 꿈 자궁에 품어
모진 고난 감내하고
심장 터뜨려
붉은 피를 토해낸다

한 알 또 한 알
끄집어내도
무너지지 않는 너의 결속력

붉게 물든
투명한 정열은
분출하는 용암보다
더 뜨거운
내 심장의 한 조각

온 몸을 마비시키는
너의 유혹에
또 한 알 꺼내어
입속에 넣어본다

역류

비가 내린다
이렇게 비가 오는 날에는
우산도 비옷도 없이
벌거벗은 몸으로 비를 맞으며
너와 한 몸이 되고 싶다

밤새껏 앓아누웠던
허공처럼 텅 빈 내 마음속에도
촉촉이 젖어들었으면

어둔해진 몸뚱이를 뉘어
흐르는 빗물에
온몸을 흥건하게
적셔보고 싶다

매말랐던
작은 영혼의 눈물이
쏟아지는 빗줄기를 움켜쥐고
하늘로 오른다

기다림

어느 날 문득
뇌리를 스치는 사람

영영 잊은 줄 만 알았는데
어느 틈새 비집고 들어와
가슴속 깊은 곳에
똬리를 틀어버린
그대

옷깃을 스치는
바람인 줄 알았는데
초점 잃은 시선으로
아린 가슴 쓸어안고 살아가는 것이

기다림 이련가

나 그대에게는

나 그대에게는
삶의 지렛대와 같은
존재이고 싶다

먼 길 힘겨운 걸음에
갈증 해소해 줄
샘물이고 싶다

나 그대에게는
터질 듯 답답한 마음
귀 기울여 담아낼 수 있는
투명한 수정그릇이고 싶다

힘들고 괴로워할 때
한쪽 어깨 내밀어
편히 기대어 울어도 흉 되지 않는
버팀목이고 싶다

나
그대에게만은

비상

어둠이 채 가시지 않은
미명의 새벽

강물처럼
물결지어 흐르는
갈대들의 조용한 일렁임

갈대숲 사이로
파닥파닥 날갯짓하는
여린 새 한 쌍
아슬아슬 피어오르는
새털구름 사이로
힘차게 날아 오른다

넓게 펼쳐진 캔버스 위에
가장 아름답게 물들여
그려가야 할
한 폭의 그림

그대들의 삶이여
그대들의 사랑이여

제2부

봄 풍경

빈 섬

물새마저 떠나버린
빈 섬에는
오늘도
저녁바람이
외로움 달래려
파도를 부르고

노을도 숨어버린
서쪽 하늘 끝
애처롭게 매달린
등 굽은 달
빈 가슴 두드리며
쓸쓸함을 달랜다

독백

흔들리는 갈바람에
흐느껴 울고

빨갛게 물들어가는
나뭇잎에
그리움이 젖어든다

아린 가슴으로
토해내야 할 고백은
풀벌레 소리에 섞여버리고
서산 넘어가는 붉은 노을이
무심하기만하다

어느 누구도
깊어가는 가을을
애써 외면한 채
침묵으로
아픔을 얘기하려 하지 않는다

백담사에서

밤새워 쌓아올린 비구니의 기도가
촛불처럼 타오르고
법당 앞 양지 녘에 앉아있는 동자승
선택 되었나 버림 받았나
속세의 그리움이 몸살을 앓는다

매몰찬 겨울바람에 울어대는 풍경소리는
애처롭기만 한데
부처님 앞으로 모여드는 중생들
어리석음에 자비를 구하며
뜻 모를 염불소리에 가슴만 섧다

하늘이 묶어놓은 매듭을 풀어보려고
부질없는 욕심은 사리탑 꼭대기에 앉아
비워야지 버려야지 하면서 떨쳐내지 못하는
나는
오늘도 빈 손이다

무심한 세월

낡은 기억을 쫓아
떠돌던 생각이 머무는 곳
옛 추억이 멈춰선
젊은 시절이 노닐던 자리
배고픈 허기짐도
아름답기만 했었지
들 실 날 실 엉켜진
숱한 인연들
할퀴고 간 세월이 남긴
시린 생채기만 깊어진 채
수많은 시공을 넘어
푸르렀던 초원을 달려본다
지워지지 않는 젊은 날의 초상
기억하기 싫은 이별로
서러웠던 날들
살아가는 인생의 여정 속에
무심한 세월은
하늘 길 가까워지는 시간 앞에
내가 출발한 역이 결국
내가 가야만하는

종착역이라는 걸 안다
오늘도 마음에 스치는 바람은
공허하기만한데
그래도 걷고 있다

가을 강가

별들이 쏟아져 내린
가슴 시린 비단 강
은발의 억새풀
제살 비벼대며 통곡한다

앞 강물 흘러간 자리
뒤 강물로 채워지듯
앞서고 뒤따름이
우리네 삶인 것을
갈바람 갈대 목을 비틀며
어서 가자고 함께 가자고
서럽게 울음 토한다

잎 진 가지 앙상하게
추억을 더듬고
가을이 저만치 가고 있다

낙엽

추적추적
가을비 내린다

한 계절 보내는 아쉬움인가
곱게 치장했던 잎들
뚝뚝 눈물 흘리고

길바닥에 어지럽게 누워있는
처량한 몸뚱어리

작은 바람에도
애를 쓰고 매달렸던 모습
저리도 애처로울 줄

애잔한 세월에
떨어진 그리움
그림자마저도 몸을 숨겼다

겨울바람

산허리 감돌며
울부짖는 칼바람은
마지막 남은 나뭇잎마저
떨궈내고

깊은 밤 잠 못 들고
저리도 슬피 울어댈까

겨울바람 때문에
추운 줄 알았는데
정녕 추운 것은
육신이 아니라
마음 이었다

온정이 그리워지는
겨울밤이
겨울바람 때문에
잠 못 들고
깊어만 가고 있다

거미줄

새벽 이슬 끌어안고
바람에 춤을 추는 거미줄

한없이 부드러워 보이지만
강철보다도 강하다

들 줄 날 줄 예술 무늬가
아름다운 그물인데
한번 걸리면 죽음 뿐

우리네 삶에는
더 많은 거미줄이
함정 파고 기다리고 있다

해바라기

찬란한 태양이여
이글이글 타오르는 열정에
긴 목 비틀어질지라도

오직 당신을 위해
한곳만 바라보며
묵묵히 서있는 인내심

짓눌리는 중압감 속에서도
굴하지 않고
고운 얼굴에
웃음 한가득
까만 구슬 알알이 박혀
탱글탱글
여물어갑니다

외발로 곳곳하게 서있는
너의 모습
고고한 학보다 더 아름답다

동목

지금 움직이지 않는다고
육신마저 죽은 것이 아니다
곱던 모습 초라해졌다고
마음까지 죽은 것이 아니다
실오라기 하나 걸치지 않고
맨몸으로 서있어도
생각까지 죽은 건 결코 아니다

내 몸 의지해 둥지 틀었던 새들
잠시 내 곁을 떠났다고
영영 초라해지는 것 아니다
지금 이 순간
나 자신을 낮추지 않고서는
다가올 봄날에
이 몸 부활할 수 없음을 알기에
낮출 대로 낮추고
죽은 듯 지내고 있을 뿐이다

고독한 삶

세월 흘렀어도
그 모습 그 자리에
변치 않는 고독한 인생길
등 굽어진 새벽달 바라보며
쉼 없는 자맥질로
허공 속에 내뱉은
무수한 거짓말들

강물 흘러가도
정제되지 않는
엉켜버린 인생길
입술 깨물어 삼켜버린 분노는
삶의 진실 앞에
무릎 꿇고 비틀거린다

맨드라미

밤하늘 쏟아지는 별빛에
세월의 강은 멈추지 않고
추억의 끝자락에 매달려 보지만
그대 없는 텅 빈 자리
어둠만이 켜켜이 쌓여갑니다

지워지지 않는 추억 속에
잔잔한 그리움에 허둥대는 시린 마음
눈물로 씻긴 가슴속에
그리움 한 조각 똬리를 틀었습니다

그대 그리워
흐려지는 기억 속에
함께 걸어온 세월이
석양 노을처럼
불타 오릅니다

코스모스

높고 푸른 가을하늘
바라보며

빨강 분홍 하양
가을빛 곱게 물들이고

일렁이는 가을바람에
수줍게 고개 숙여
가녀린 몸
비틀어대는 너의 유혹에

내 마음
가을 꿈속을 헤맨다

가을풍경

아침 햇살
곱게 스며드는 창가에

빨간 고추잠자리
빨랫줄에 걸터앉아
젖은 옷을 말리고

어둠 내려앉는 뒤뜰에
갈바람 불어와
섬돌 아래
귀뚜라미 노랫소리
애잔하게 들려오니

이제 정녕
가을인가보다

애련

아린 가슴속 눈물
투명한 별빛 되어
두 뺨을 적시고
뒤범벅
곰삭은
절제된 침묵
은은한
달빛 타네

내 안에서
너에게로
너의 가슴에서
내 속으로

사무치는
앙상한 그리움
세월을 노 젓는
사공 되어 흐르네

아카시아 꽃

멀리서 가까이서
바람에 실려 오는 꽃향기
나지막한 야산을
하얗게 덮어버렸다

창문을 열면
아카시아 그윽한 향이
아우성이다

줄줄이 맺혀있는
하얀 보석 알
바람에 춤을 추는 너의 모습이
눈까지 시리다

미리내

그리움의 나라
은하수 강가에
쪽배 하나 띄우고
어여차 어기여차
노를 저어
저 멀리
찬란히 빛나는
별빛 해안에
가고 싶다

그곳에는
진정
보고 싶은 임이 있으리라

서녘 하늘가 서성이는
고독의 별
유성 되어 내린다

겨울비 내리는 날

뽀얗게 덮어버린
잿빛 하늘에서
추적추적
겨울비가 내리는 날

옛 추억에 다시 찾은 골목길
둘이 걸었던 그 길을
오늘은 홀로 걷고 있다

울먹임조차 숨기고
내리는 겨울비
마치 떠나버린 너의 마음 같아

오늘 따라
내리는 겨울비가
너무도 차갑다

연탄

삶 골짜기
어둠의 무게보다
더 고달픈
그대의 열정,
그 고귀한 헌신으로
가난한
내 마음이
그대보다 더 뜨겁다

그대 모습 그리며

새벽 이슬보다
더 영롱한
그대 얼굴

허즐럿 커피보다
더 짙은
그대 향기

비 그친 뒤
하늘에 박혀있는
일곱 빛깔 무지개보다
더 고운
그대 눈동자
깊어가는
이 밤도
잠 못 이루고
그대 모습
그려 봅니다

취중에

깊은 시름에 빠져
할 말을 잊었을 때
술잔 가득
출렁이던 그리움
비우면 나뒹구는
술병인가 슬픔인가

그리움이 술잔 속에서
꿈틀대는 줄 알았는데
웬일일까, 내 목을 비틀고 있다

그냥 그러려니 하면서
텅 빈 가슴에 불을 지피다가
오늘밤도 취중에 혼을 깨운다

투정

오색 곱게 물들여 치장하고
생을 유혹하는 나무
화려함은 잠시 머물다
삶을 놓아야 한다

낙엽 되어 제 삶이
쓸쓸한 거리에 나뒹굴면
곱디고운 시절도
쓰레기에 묻히고 만다

한 해 동안
그렇게 발버둥 치며
청춘도 영원도 어디 있나
새삼 묻는다, 투정을 한다

봄 풍경

참새 떼가 노란 개나리 울담에 숨어 있다가
우르르 마당가에 내려앉는다
조잘대면
모든 것 다 아는 듯
봄바람은 싱긋 웃고 지나간다

여린 싹 고개 드는 뜰
보랏빛 제비꽃
고운 미소 지을 때
실바람에 섞여
흙냄새 향기를 더한다

엄마 품속에서 새근대는
아기처럼
산수유 꽃잎에
살며시 내려앉아
하얀 햇살 오수를 즐긴다

깨달음

화려하지 않아도 좋은
중후한 중년의 색깔로
지칠 줄 모르는 세월의 수레바퀴는
멈추지 않고
가슴속까지 하얗게 적셔 놓았다
원색보다 옅어진 채
느슨해진 마음은
오그라든 가슴 안에
커다란 화해의 동산을 만들었다
스쳐온 지난 세월
숨겨둔 마음까지도 용서된 채
퇴색된 그리움으로 자리하고
멀어진 뒤안길 너머
미웠던 그 사람이 보고 싶다

과욕

비워내지 못하고
더 많이 채우려함이
항상 미안하고
부질없음을 안다

뉘우치기 보다는
더 많이 더 오래도록
간직하려함이
한 겨울
새 봄을 기다리는 것보다
더 간절하다

비우고 버려야만
새롭게 채워지는 삶인데
넘을수록 더 불안하다

우정

거미줄보다 더 촘촘한 골목 안
숨어들어 마시는 한잔 술로
순간 실음을 떨쳐버리자
허허로울 때 마주앉아 잔 부딪칠 수 있는
네가 있어 좋다

비록 내일은 휘청거리며 걸을지라도
험한 세상 풀어놓은 거센 바람은
누구의 허전함인지
숨기려 해도 좋다

단
지금 이 순간
바람도 별도 달 까지도
술잔에 타서 마실 수 있어 좋고
꺾어지는 시간을 애써 펴지 않아도 됨이
더없이 좋다

커피

겨울바람 매섭게 불던
밤마다 나목 울부짖는 소리
저 홀로 노래하면
한 모금 커피를 마시며
사색에 잠긴다
어둔해지는 몸뚱이에
꿈틀대는 아련한 추억
마치 커피를 닮아
까만 기억 속에서
모락모락 피어 오른다

제3부

생각하기 나름

DMZ

소근대는 별들의
울먹임 소리에
캄캄한 밤하늘을 올려본다
두 겹 세 겹 뒤엉킨 사선
자유롭게 넘나드는
철새들의 모습
평화로운 그림인데
초병의 눈엔
푸른 섬광이 번뜩인다

동족의 한이 한곳에 모여
소용돌이치는
엄동설한의 땅
DMZ
갈수 없는 이웃되어
세월의 골만 깊어간다

동백꽃

한 맺힌 사연 그리 많아
피멍울로 알알이 맺혀
선홍빛 붉은 그리움
끝끝내 감추지 못하고
울컥 울컥 핏덩이를
토해낸다

설움 무엇 그리 많아
잔설 쌓인 겨울밤에
알몸으로 쓰러져
눈도 감지 못하고
울어야만 하는가

홍시

진홍빛 만남
주체할 수 없는 요염함

속살까지 맑기만 한
농익은 몸뚱어리

탱탱한 살결
군침이 돈다

앙상한 그리움에 매달려
길손을 유혹하는

불그락
가을 여인이여

나의 길은 속도가 아니라 방향이다

굽이도는 고갯길
숨 가쁘게 달려온 나의길
몸뚱이는 어둔해지고
달콤하던 육체의 향기는
곰삭아 길 건너까지 흩어지고
두려워 두려워하며
그리 모질게 살아왔다
종종 머물다 가는 슬픔도
같이 걷는 친구인 것을
이제야 알았네마는
나의 길은
속도가 아니라 방향이다
그래 그래,
저 구름도 그렇게
세상 풍파 끌고 간다

연가

노을 붉게 물드는 바다에
울먹이는 뱃고동소리
거세게 일렁이는
파도를 바라보며
이루어질 수 없는
아픈 사랑에
가늘게 떨고 있는
여인의 뒷모습을 보며
슬픈 노래를 부른다
아득한 수평선 넘어
점점이 사라지는 통통배
갈매기만 끼륵끼륵
날갯짓 한다

목욕탕에서

뿌옇게 흐려진
거울 앞에서
처음으로 세상과 마주할 때의 모습으로
하나가 된 너와 나

저 잘 낫다고 목에 힘주던 사람도
저 잘 산다고 으스대던 사람도
거울에 비친 실제의 속 모습은
모두가 똑같더라

아름다움을 위해
향기를 위해
맑은 물로 닦아내고
헹구어 내도

그래도
너는
나였다

노을

어둠 뚫고 솟아올라
고운 햇살로 온 세상 밝히더니
오늘도 어김없이
하루 이별 고하는 구나
서녘하늘 붉게 물들인 태양아
너는 어찌 하루도 빠짐없이
노을 속으로 숨기만 하느냐
오늘도 내일도
긴 세월 어김없이
무심하게
내 청춘 불사르고서
붉은 석양 꽃피워놓고
야속하게 떠나가느냐

모래 위에 쓴 편지

금빛 모래알속에
그대모습 그리며
내 마음 적어봅니다

지난 날
둘이서 손잡고 거닐며
속삭이던 사랑 얘기
한 소절 한 소절 써 내려가면
그대 얼굴이 눈가에 아른거리고
정다운 웃음소리가
귓가에 서성입니다

얼마나 써내려 왔을까
바람 불고
파도 치고
다 지워버렸네요

그대 향한 그리움
어이 하라고

바람 같은 그녀

가슴속 파고드는 찬바람에
앞 다투어 물들이던 곱던 단풍이
낙엽 되어 널부러진 길거리
쌩하니 할퀴고 지나가는 찬바람은
뒤도 돌아보지 않고
흔적조차 남기지 않은 채
훌쩍 떠나버린 그녀의 영혼이련가
보이지 않고 잡을 수 없어
애태우며 살아온 세월인데
우수수 몰려다니는 낙엽을 보니
또다시 생각이 납니다
내 가슴 멍들게 해놓고
아름다운 그 시절 휩쓸고 간
바람 같은 그녀

목탁소리

깊은 산속
작은 암자에서
어둔 숲속 헤치고
들려온다

청아한 고독
마음으로 모아
버리라 하네
비우라 하네

엉켜있는 애환
한곳에 모아
태워버리고
버리지 못하는 사욕
떨지라 하네

극락왕생 기원하며
두드리네

꽃비는 내리는데

낮 설은 간이역
아득히 먼 곳으로
그대는 떠나가고
꽃비는 내리는데
하염없이 울먹이는
외로운 그림자

스치는 바람에도
가슴은 멍이든다
그대 떠나던
그날처럼
오늘도
꽃비는 내리는데

뉘우침

하나에 하나를 더하면 둘이지만
둘이 안 될 수도 있다는 걸 알았을 땐
인생의 의미를
다시 생각하게 되었다

밤하늘에 총총히 박힌 별들이
뾰족한 모양이 아닌
둥근 모양이라는 걸 알았을 땐
내 마음은
바위처럼 굳어져 있었다

우리 삶이 아름답다고 하지만
가파른 고갯길을 오르며
그렇지 않을 수도 있음을 알았을 땐
낡은 심장만이 허덕이고 있었다

생의 반환점을 돌아서며
느낀 것은
영원한 것도 안전한 것도 없지만
비우고 또 비워야만
더 많이 채울 수 있음을 알았다

생각하기 나름

출렁이던 바다에
물이 빠져나갔다
보이지 않던 바위가 솟아나왔다

철썩철썩 바위를 때리며
물이 밀려왔다
곱던 백사장이 흔적도 없이 사라졌다

왔다가 떠나가고
사라졌다 또 나타나는
한 삶의 현상일 뿐

그 이상도
그 이하도
생각하기 나름

탁란

자연의 소리에 귀 기울이면
사소한 일상도
크나큰 슬픔으로 느껴진다

오가는 계절의 길목마다
항상 그렇게
남겨지고 또 떠나는 것들

저마다 바쁜 체 하며
인사도 없이
갈길 재촉하는
안개처럼 사라지는 서글픔

울창한 푸른 숲 빈 둥지엔
가슴으로 품어 키워낸
뻐꾸기 자식을 그리워하는
붉은 오목눈이의 울부짖음이
세월을 갉아먹고 있다

자화상

잔잔한 호수 위를
바람이 물결을 남기고 지나간다

호숫가
버드나무 아래
거꾸로 앉아있는
먼 길 떠나던 나그네

바람이 지나고
구름이 흐를 때 마다
물속 자화상은
기쁨과 슬픔
행복과 불행
진실을 읽을 수가 없다

잔잔한 물결에
인생협주곡이
리듬을 탄다

매미

이슬도 마르지 않은 새벽부터
어이하여 그토록 울어대는가
존재의 알림인가
생존의 몸부림인가
한 달도 못되는 짧은 삶을 살기위해
9년 동안 어둠속에서 참아온 세월
너무 아쉬워
온종일 울어대는가

그대의 짧은 삶이나
그대보다 긴 내 생이나
똑같은 고난의 길이거늘

그대도
나도
이렇게
한 세상
왔다가 가는구려

가을연가

인고의 비바람에
세월은
무심하게도
내 마음을 허물고 있다
슬픈 것은
시린 마음이 되고
우는 것은
세월이 주는 흔적이련가

창밖에
누군가가 부는 색소폰 소리는
구슬프기만 하고
길가에
떨어져 뒹구는 낙엽은
스산한 풍경일 뿐

매마른 공터에
오랜 시간 머물지 못했다

진눈깨비

친구도 아닌 것이
연인도 아닌 것이
텅 빈 가슴속에 똬리를 틀고
세월보다 애절하게
체온을 적신다

빗방울도 아닌 것이
눈송이도 아닌 것이
찬바람 타고 하늘에서 내려와
고통보다 질펀하게
대지를 적신다

이것도
저것도
아닌 것이
버려진 누구의 것일까
빈 의자를 적신다

풍난

척박한 바위틈
수줍게 몸을 숨기고
하염없이 망망대해를
바라보는 소녀야

바람 잦아든 모래언덕
은은하게 흩어지는
너의 고운 향기가
울림인 듯 어지럽다

뭍으로 뛰어오르려는
하얀 파도의 몸부림에
너의 눈부신 알몸이
촉촉하게 젖을까

밤송이

찍 벌어진 밤송이 해산의 고통을 아는가

한 자식도 힘들다고 투덜대는 요즘 세상

그대는 뱃속에 삼둥이 고이 품고
가싯날로 온몸 보호하는가

스스로 배를 찢어
붉은 핏덩이를 울컥 쏟아내는
강인하고 장한 여인이여
속에 넘치는 환희여

들꽃이고 싶다

한 송이 들꽃이고 싶다
화려하진 않지만
강한 생명을 지닌
들꽃이고 싶다

개울가 바위틈에 피어나
찾는 이 없어도
향기 오직 전해주는
들꽃이고 싶다

길섶에 홀로 피어
길 가던 나그네의 발에 짓밟히거나
들녘에 뛰놀던 어린 소녀에게 꺾여
머리에 꽂혀 있다가 내팽개쳐져도
불평하지 않는 그런 들꽃이고 싶다

그리고 말하리라
외롭게 피었다가
흔적 없이 지면
그만이라고

가야금

자신의 속을 깨끗이 비우고 다듬어
울림통이 된 참 소중한 벗

제 몸 도려내고 감내하고 헤치며
아름다운 소리를 만들어 내는구나

가장 낮은 자세로
가장 높은 소리를 내는 낭만파

명주실 열두 줄 타고
그대 음률이 지천을 흔든다

할미꽃

깊은 산속
이름 모를
어느 님 무덤가에
다소곳이 고개 숙여
마주보고 피어있는
할미꽃 두 송이
한 송이는 할매꽃
한 송이는 할배꽃
생전에 못 나눈 정
서글픈 넋이 되어
살가운 봄 햇살 아래
다정스럽게 피었다

슬픈 춤

가슴 저리는 애절은 소리
웃음 잃은 무녀의 표정
수많은 설움, 속으로 삭히며
신음하는 옷깃
온몸으로 흐느끼는 숨결

서러운 구음과 애절한 몸부림이
초목을 울리고
잠든 바위를 깨운다

풀 수도 없고 맺을 수도 없는
절망을
가슴으로 통곡하며
흰 적삼 옷소매에 숨겨온 사랑
끝내 놓지 못해
훨훨 춤을 추는
가엽은 여인이여

용암사

장령산 중턱
고즈넉한 용암사
아침 햇살 맑은 미소
살포시 펴져 내리니
산신각 옆
노송 휘어진 가지에
스치는 바람
풋풋한 솔향기 가득하고
대웅전 큰 스님 독경소리
제행무상 일깨우네
산새 소리 가득한 숲속
너울지는 초록 향기
감로수 한 모금에
속세의 버거운 짐 내려놓고
마음 비워 가려하네

싸그락 싸그락

싸그락 싸그락
닳고 닳은 검은 돌들
해변 가에 둥글게 모여
서로의 몸을 부둥켜 안고
태초의 모난 이야기
나누고 있을까
아무도 알 수 없는
그들만의 언어
그들만의 사랑으로
짧은 순간 속삭이다
파도 사이로 숨어버린다
싸그락 싸그락 싸그락

나 항상

나 항상

작은 사랑에
고마워하고

작은 행복에
만족해하고

작은 나눔에
동행하며

작은 관심에
감사하며

그렇게
살으렵니다

나 항상

제4부

서리꽃

대나무

굽힐 수 없다고
하늘만 보고 오른다
한 마디 자라면
그 마디 밟고 더 높이 오른다

태풍에도 쓰러지지 않으려
뿌리를 옆으로 뻗는 지혜
높아진 키만큼
세상사가 흔들려도
꺾이지 않으려 모여 있다

지난 밤 세찬 비바람에
서로의 안부를 묻는 소리
쏴아 쏴아
마음을 비우고 속도 비웠다

하늘에 더 높이 오르려고

홍매화

사랑은 참고 기다리는 것
기나긴 혹한 속에서도
고이 간직한 순결
산고의 진통 이겨내며
봄 오는 길목에
행여나
임 만날까
분단장하고
곱게 웃는 연분홍 여인
아름답고 단아한 그대 모습에
봄 햇살도 눈부셔
그대 품속에서
사르르 잠이 들었다

석불 앞에서

그대 어이하여
처음 그 모습대로 그렇게 서있나
할퀴고 찢긴 살점들을 보듬어 안고
들끓는 원망과 분노에도 노하지 않고
침묵으로 버텨온 자비로움에
그대 앞을 지나다 두 손을 모은다
오직 한번만이라도
잠시나마 눈을 감고
상념에 잠겨볼 시간도 없이
백년 천년을 그 모습 그대로 서있다니
그대 앞에 서있는 내가
한 점 티끌 같은 내가
부끄러워 고개 숙인다

누가 날더러

그 누가 날더러
청춘이 바람이냐고 물으면
나 그렇다고 말하리라

누가 날더러
인생이 구름이냐고 물으면
나 그렇다고 말하리라

청춘도 한 번 왔다 가면 아니 오고
인생 또한 한 번 가면 돌아오지 않으니

바람이라 구름이라 어찌 말 않으리오

깨달음

흐린 날에는
아름다운 석양을
결코 볼 수 없고

석양도 없는 날
밤에는
뜨는 달도 흐릿하다

대합실

세월의 속도를 따라가지 못하고
잠시 멈춰버린 시간
만남은 짧고
이별은 긴
등 굽은 바람의 길목

손톱 끝 봉숭아물이
첫눈 내릴 때까지
남아있기를 간절히 바라는
꽃 분홍 기다림

언제든 반겨줄 약속처럼
활짝 핀 코스모스의 살가운 웃음으로
손을 흔들어 주는 곳

오늘도 빈 의자에 앉으면
막차의 기적소리가
잃어버린 한 뭉치의 연서를 들고
달려올 것만 같다

작아서 더욱 아름다운
한 폭의 수채화가
잊혀져가는 기억의 끝자락을 잡고
설렘으로 졸고 있다

노을빛 가슴

내 푸르던 날 어디에 두고
여기서 서성이나

어젯밤 찬 서리에 축 쳐진 어깨
날개를 펴지 못하고
따뜻한 손길에 마음 달래는
허무한 인생

기력 소진해
홀로 설수 없음에
삶의 향기 잃어가는
퇴색된 인생이여

푸르던 그날의 함성은 멀어져가고
갈잎 떨어지는 소리에
노을빛 가슴 저미어오는 아픔이여

지는 해에 웃음 잃고
어둠 드리운 길을 방향도 잊은 채
뚜벅뚜벅 걸어간다

가을 애상

만남과 이별
떠나가는 것과 남는 것
기약 없는 것이 힘든 까닭을
나는 안다

뒤틀린 공간 생의 허상을 좇아
삶의 수레바퀴 돌리는
외로운 군상의 아픔

저무는 가을의 뒤태는 초라해도
하나의 추억은 남겼으니
연민이라 말하지 말라

흰 눈 내리기전
가을은 정점을 향해
집시의 길 떠난다

바람 부는 날에는

바람 불어 머무는 자리에
한 잎 두 잎
낙엽이 쌓이고
계절의 시간들이 켜켜이 엉킨 곳에는
잊지 못할 추억의 영상들이
하나 둘 채색되다
갈바람에 지워진다

내가 사랑하는 넌
가을 이슬 속에서 반짝이고
네가 사랑하는 난
바람이 멈춘 곳에서
긴 추억의 꼬리를 잡고
애상의 늪을 헤맨다

이렇게 바람이 부는 날에는
한 소절의 싯귀를 채우지 못해
아쉬워하는 중년의 독백으로 외로워지고
인생의 계절에 색을 입히지 못하는
절름발이 화가의 탄식으로

서글퍼진다

이렇게
바람이 부는 날에는

구절초 사랑

노을빛 덮고 누운
산자락에 구절초
찬바람에 몸 비틀어 서걱대는데

먼 길 떠나간 임 소식 없고
한 줌 햇살 붙들고 하소연해도
산허리 넘는 바람에 억새 부딪히는 소리만
사그락 사그락 계곡을 흔든다

갈잎 적신 해가 기울면
산새들도 바쁘게 둥지를 찾고
설움 빛 가득한 소복의 여인 되어
달빛에 젖어 긴 밤 지새운다

이슬 내린 아침 햇살에
목을 비틀며
그리움에 젖어
갈바람에 살갑게 미소 짓는다

백마강 연가

백마강 물결 위에
달빛 곱게 물들면
고란사 풍경소리
메마른 가슴 적시는데
낙화암 휘감아 돌아
흘러간 사랑
님 향한 굳은 절개
애처롭기만 하다

연화

밤이슬로 가꾸어낸 연분홍 화관
아침 햇살에 드러낸 몸매는
물위의 고귀함
세상의 온갖 허물 씻어내고
헐떡이는 육신을 잠재운다

청포도 익어가는
뙤약빛 하늘 아래
진흙탕 속에서도 도도한 그 모습
물위의 여인이여
청결의 귀감이 되어 하늘로 오른다

각박하게 돌아가는
힘든 갈등 속에서도
헝클어진 세월 앞에
주저앉은 마음 도려내어
변치 않는 속세의 아름다운 꽃이었으니

한 잎 한 잎 곱게 접고 접어
간절한 소망과 염원

누구의 기도인지 몰라도

모든 이의 마음속에
피었으면 좋겠다

집시인생

산자락 베고 누워 먼 하늘 바라보니
뭉게구름 두둥실 서천으로 흘러가고
우리네 인생도 강물처럼 흘러가네

머루주 산나물 안주삼아 취하노니
산 아래 온 천지가 내 것이고
무겁던 근심걱정 모두가 없구나

오늘도 강물은 어디론가 흘러가듯
우리의 삶도 그렇구나
흘러만 가고 있다

비단강은 흐르고

하늘이 내려앉아 잠이든
비단강에 핏물보다 짙은 낙조가 내리고
은빛 물줄기
장삼자락
옛 추억을 깔아 놓는다

저녁노을 삼키며 허둥대는
호수공원의 주황빛 조명
강바람은 전월산 허리를 부여잡고
뽕 맞은 무희가 된다

짙어가는 풀 향에 취해
아직 둥지로 돌아가지 못한
물새 한 마리
꺾어진 부리로 푸른 별빛을 쪼아댄다

오늘도 비단강은
숨어든 노을빛 향기를 쫓아
서쪽으로 몸을 비튼다

향일암에서

운수대통 믿지 않으면서
정초에 소망은 왜 빌었든가

온몸에 흐르는 땀방울
숨 넘어 가도록 닦아내며 바위길 오르는데
액운 하나 삶의 길목 막아서더니
사정없이 찔러댄다

지금껏 살아온 날들
아쉽고 고달팠지만
불행하지만은 않았다
고통은
나만의 것은 아니었으니까

문득 여수 밤바다가 그리워진다
하얀 물결 밀려오는 파도소리
나를 찾던 옛님의 목소리

오늘은 나대신
어느 누가 들어줄까

가을밤

메마른 가지에
바람마저 비켜가고
이별의 아픔으로
갈대들 혈관마저
메말라간다

무성했던 나뭇가지
청춘이 지고
흰 머리 서러운
억새가 울부짖는 밤
떠도는 철새무리
노란 달빛만 쪼아댄다

욕망

비울 수가 없다
무거울 수밖에 없다

그냥 비우고 가면 되는 것을

내리는 빗방울이
콘크리트 바닥에
처박혀 산산이 부서져
선혈이 낭자하다

묻지 마라
내 질곡의 세월을

인생의 향기 다 할 때까지
삶의 긴 여운을 남기며

그렇게
그렇게 매달려 있고만 싶더냐

비워라
비워내지 않으면 넘치고 만다

인생이란

맑게 걷히는 물안개를 보고
하얗게 부서지는 파도를 보고
나는 알았네
이제야 알았네

인생이란
파란만장 하다는 것을

그러나
그 뜻이 진정 무엇인지는

아직도
모르겠네

봄날에는

봄날에는
한 송이 꽃이 되고 싶다

향기 짙은
한 묶음 꽃다발로 묶이고 싶다

하늘하늘
나폴거리며 꽃을 찾는
한 마리의 나비가 되고 싶다

허무한 밤

모두가 빠져나간
공원 벤치에
주황빛
가로등 불빛은
한 잔 술에 취해
휘청거리고
나도 함께
흔들린다

이맘때가 되면
옛 님 생각나
아련한 가슴에
몸서리치는 밤
겨울바람도
고요히 잠들어 버렸다

한 잔 술에
하늘도 비틀거리고
어둠이 나를
삼켜버렸다

흘러가는 사랑

흘러가는 세월 속에
켜켜이 쌓여가는 추억들
가슴속 아득한 사연 끄집어내
편지 띄워 보냅니다

대롱대롱 매달린 갈 잎 하나
달랑거리는 가녀림에
마음 아리다

가을비 내리면
여린 잎 떨어질까
가슴 졸이며 낙엽만
쳐다보다가

생의 마감 앞둔 잎에
시린 사연 담고서
냇물에 띄워 보냅니다

설겅대는 바람소리에
묻혀가는 내 그리움 까지도
잔잔한 물결에 흘려 보냅니다

겨울비

헤어짐의 슬픔인가
기다림의 눈물인가
하늘의 꽃으로
피어나지 못하고
차가운 눈물 되어
겨울비가 내린다
다하지 못한 인연에
밀려오는 아픔인가

메마른 가슴에
흔들림으로 다가와
꽃잎 피워내
사랑의 열매로 영글더니
찬바람 눈물 되어
겨울비가 내린다

장승

누가 그대를 여기 세워 놓았나
어느 누구도 책임지려 하지 않는
아픔과 고난의 날들
저마다 하얀 눈물 떨구며
어둠을 곱씹는 외다리 고독

세상 그림자조차도 희미한 것들이
주인인양 설쳐대는
광대놀음에
갖다 바친 재물
처연한 바람 되어 떠돌고

스스로의 감정에
노리갯감으로 등장하는
저 어릿광대의 외줄 투혼
그 발치에 가려진
그늘을 지우려

오늘도
외발로 서서
제 몸 불태워 어둠을 밝힌다

바다는 알고 있다

사람들은 슬픔을 노래하고
바다는 들어준다
보라
바닷가에 있는 돌이 처음부터
동글동글 했을까
바람이
알몸을 씻어주고
파도가
모난 각을 깎아준 것을
바다는 알고 있다
누가 굳이 말하지 않아도
바다는
성난 파도처럼
나무라며 말한다
나는
모든 것을 알고 있다고

섬

바다에 갇혀있는 듯
섬은 그곳에 있다

그리움만큼
가까운 듯 멀리

손 내밀면 멀어지고
바람 불면 갈 수 없는

그러나
어느새 나는
섬에 와있다

언제나 갈 수 있고
언제든 갈 수 없는

안개 속을 헤매보지만
그곳에 없는

섬은 그리움처럼
바다에 서 있다

서리꽃

보석보다 아름답고
수정보다 맑은
서리꽃

늦가을 들녘에
뒷산 단풍잎에
이른 새벽 피어난
서리꽃

가을 햇볕에
잡은 손 놓기 싫어 버티다
녹아 흐르는 꽃

애절한 이별의
눈물 꽃
그대는
서리꽃

경험의 창고에 모인 의식의 한 결정체

– 임종원 시인의 시세계

김용재

시인 · UPLI 한국회장
국제PEN한국본부 부이사장

살아가면서 우리는 온갖 사물을 보고 느끼고 생각하고 연상하고 비교하고 더 자세히 관찰하면서 새로운 것을 발견하고 새로운 정보를 얻곤 한다. 일련의 이러한 일들은 시각적 발단으로 뿐만 아니라 청각 미각 취각 촉각 등 소위 감각의 세계로부터 추상과 환상의 세계로까지 발전한다. 이 과정을 경험이라고 한다면 시인은 그 경험의 창고에 모인 의식의 한 결정체를 발췌하고 결합하고 재구성해서 한 편의 시 작품으로 만들고 자신의 일정한 심사를 거쳐 세상에 내놓게 된다.

그 시가 기쁨을 주는 것이냐, 슬픔을 주는 것이냐, 위안을 주는 것이냐, 교훈적인 것이냐, 아니면 어떤 가치를 부여하는 것이냐… 등등의 문제는 독자의 몫으로 돌려놓아도 무리가 아닐 것이다.

다만, 시인의 이름으로 경험의 영역을 확충시키기 위한 방편으로서, 그리고 경험의 가치를 명료화하는 거울로서 손색이 없는지, 짚어보아야 한다는 생각을 제쳐둘 수는 없는 일이다.

가능한 실마리를 제공해주는 작품들을 선별해서 임종원 시인의 시 세계를 일별해본다.

굽이도는 고갯길
숨 가쁘게 달려온 나의 길
몸뚱이는 어둔해지고
달콤하던 육체의 향기는
곰삭아 길 건너까지 흩어지고
두려워 두려워하며
그리 모질게 살아왔다
종종 머물다 가는 슬픔도
같이 걷는 친구인 것을
이제야 알았네마는
나의 길은
속도가 아니라 방향이다

그래 그래,

저 구름도 그렇게

세상 풍파 끌고 간다

– 〈나의 길은 속도가 아니라 방향이다〉 전문

인생이라는 것은 잇따라 영구히 즐거운 일만 계속되는 피크닉의 드라이브 같은 것은 아니다. 빛과 그늘과 산과 골짜기의 명암이 엇갈리는 변화에 넘친 도정(道程)인 것이다.… 처세술의 대부 카네기의 말이다.

우리가 주목할 수 있는 것은 명암이 엇갈리는 변화의 길이다. 변화는 물론 나의 변화에 의미가 있을 것이다. 나의 인생은 내가 가지고 가는 것이기 때문이다.

시인이 말하고 있는 나의 길은 바로 시인의 인생길이고 그 길은 곧 속도가 아니라 방향이라고 했다.

속도는 감각의 문제가 될 것이고 방향은 선택의 문제가 될 것이다. 속도는 물리적 거리에서 생각하면 일반적인 속도나 규정속도가 있지만 정신적 거리에서 보면 빠르거나 보통이거나 늦거나 한 경우가 있을 것이다. 인생길에 대입하면 어떻게 운전했고 어떻게 조절하느냐 하는 스스로의 주요한 문제를 떠안게 될 것이다. 그러나 시인은 그 속도보다 방향의 중요성을 더

강하게 인식했다. 방향은 지리적 동서남북, 직업적 동서남북, 심리적 동서남북 등 삶의 태도나 모습을 결정짓는 중대한 인생 문제의 조건이 될 것이다.

시인은 여기, 명암이 엇갈리는 변화의 도정에서 슬픔도 같이 걷는 친구가 되고, 세상 풍파 끌고 가는 저 구름도 친구인 듯 보고 있다. 그렇다면 시인이 가고 있는 인생길의 방향은 슬픔도 세상 풍파도 다 수용하는 큰 가슴의 휴머니스트가 지향하는 세계가 아닐 수 없다. 이 시집의 표제로 뽑은 〈나의 길은 속도가 아니라 방향이다〉라는 말의 의미를 다시 살펴볼 수 있을 것이다.

수백의 꿈 자궁에 품어
모진 고난 감내하고
심장 터뜨려
붉은 피를 토해낸다

한 알 또 한 알
끄집어내도
무너지지 않는 너의 결속력

붉게 물든
투명한 정열은
분출하는 용암보다
더 뜨거운
내 심장의 한 조각

온 몸을 마비시키는
너의 유혹에
또 한 알 꺼내어
입속에 넣어본다

– 〈석류〉 전문

〈석류〉는 출산의 고통을 모자이크한 가품이다. 자궁에 품은 수백의 꿈이나 붉은 피의 이미지가 선명하게 배경으로 새겨진다. 출산의 고통으로 태어난 석류의 한 알 한 알은 그래서 무너지지 않는 결속력으로 나타난다.

다시 석류가 품고 있는 투명한 정열은 한 조각 내 심장이 되고 나의 온 몸을 마비시키는 유혹이 된다. 그 유혹을 받아 또 한 알 꺼내어 입속에 넣어본다.

보통의 시각으로 그려진 보통의 석류를 뛰어넘는 독특한 가치는 무엇인가, 생각해 볼 수 있다. 거듭 말하지만 수백의 꿈을 자궁속에 안치한 것, 석류의 한 알 한 알에서 무너지지 않는 결속력을 발견한 것은 보통의 언어로 구사한 뛰어난 통찰력에 기반을 두고 있다 할 것이다.

진홍빛 만남
주체할 수 없는 요염함

속살까지 맑기만 한
농익은 몸뚱어리

탱탱한 살결
군침이 돈다

앙상한 그리움에 매달려
길손을 유혹하는

불그락
가을 여인이여

— 〈홍시〉 전문

〈홍시〉는 남자를 호릴만큼 매우 아리따운 여인의 모습으로 형상화되고 있다.

2행씩 5연으로 짜여진 10행의 짧은 시 이지만, 10행이 모두 여인의 맵씨이다, 단순한 듯 하면서도 하나 하나 그 시어들이 잘 골라낸 여성성의 상징이며 군침도는 성감대의 자극언어로 선택된 것인지도 모른다.

시를 살펴보자.

색기가 흐르고 섹시한 감정을 부추기는 '진홍빛 만남'과 '주체할 수 없는 요염'(1연), 무르익어 성숙한, 그래서 황홀한 여인의 몸매를 연상케 하는 '속살까지 맑기만 한' '농익은 몸뚱어리'(2연), 그 피부는 차고 넘칠 듯 싱그럽고 뿌듯하고 팽팽한 실제의 '탱탱한 살결'이며 그래서 '군침이 돈다'(3연).

홍시가 매달린 가지이겠지만 시인은 시종일관 의인화의 감정을 투사해서 '앙상한 그리움에 매달려 / 길손을 유혹하는'(4연), '불그락 / 가을 여인이여'(5연)라고 감탄의 결구를 불러 놓고 그림보다 아름답게 언어의 색칠로 홍시를 그려놓고 있다.

잘 익은 홍시를 입에 넣은 그 가을보다 더 아름다운 여인을 만난 오늘의 기쁨이 독자의 가슴에 무르익기를 기대해 본다.

참새 떼가 노란 개나리 울담에 숨어 있다가
우르르 마당가에 내려앉는다
조잘대면,
모든 것 다 아는 듯
봄바람은 싱긋 웃고 지나간다

여린 싹 고개 드는 뜰
보랏빛 제비꽃
고운 미소 지을 때
실바람에 섞여
흙냄새, 향기를 더한다

엄마 품속에서 새근대는
아기처럼
산수유 꽃잎에
살며시 내려앉아
하얀 햇살, 오수를 즐긴다

– 〈봄풍경〉 전문

봄은 옷 입고 치장한 여인(이효석–들)이라 했다. 봄에는 녹

슬은 심장도 피가 용솟음치는 것을 느끼게 된다(피천득-봄)고 했다. 혼돈과 깨어남과 감미한 비애와 도취… 이런 것이 나의 봄이었다(전혜린-그리고 아무말도 하지 않았다)고 설파한 문인도 있다.

어떻게든, 봄을 그리지 않은 문인은 아마도 없을 것이다. 시작이나 출발, 새로움이나 생동감, 희망이나 포부, 따뜻함이나 안온함 등등 가슴에 안기는 봄의 미학적 질서가 우리, 인간의 오감을 자극하기 때문이 아닐까, 생각해 본다.

임종원 시인의 경우도, 참 아름답게 봄이 채색된다. 〈봄풍경〉으로 제목을 붙인 그의 시에서는 참새떼 조잘대는 소리까지 감지하는 봄바람이 싱긋 웃고 지나간다는 인식(1연), 제비꽃 고운 미소 지을 때 흙냄새 향기를 더한다는 촉감(2연), 산수유 꽃잎에 내려앉아 햇살이 오수를 즐기는 모습(3연)이 적격의 에피셋과 어울려 더욱 아름다운 그림으로 풍경을 이루고 있다. 느낌을 따라 깨어남이 있을 것이고 도취할 수 있는 감미로움이 나타날 것이다.

출렁이던 바다에
물이 빠져나갔다
보이지 않던 바위가 솟아나왔다

철썩철썩 바위를 때리며

물이 밀려왔다

곱던 백사장이 흔적도 없이 사라졌다

왔다가 떠나가고

사라졌다 또 나타나는

한 삶의 현상일 뿐

그 이상도

그 이하도

생각하기 나름

— 〈생각하기 나름〉 전문

있던 것이 사라진 자리에 새로운 것이 나타난 현상과, 새로운 것이 밀려온 자리에 있던 것이 사라져버린 현상을 보고 느끼는 감정은 어떠한 것인가.

시인의 답은 예시 그대로 〈생각하기 나름〉인 것이다. "왔다가 떠나가고 / 사라졌다 또 나타나는 / 한 삶의 현상일 뿐"이고 그 이상의 어떤 거시적 상상력이나 그 이하의 어떤 미시적 상상력도 거부하고 생각하기 나름이라고 의식을 통제하고 있다.